Vigo Youth Services Foreign Language
39228051402875
342.73 T
Thomas, William, 1947-
What is a constitution?

WITHDRAWN

VIGO COUNTY PUBLIC LIBRARY
TERRE HAUTE, INDIANA

★ Mi gobierno de Estados Unidos ★

¿Qué es una Constitución?

Por William David Thomas

Gareth Stevens
Publishing

Please visit our web site at www.garethstevens.com. For a free catalog describing Gareth Stevens Publishing's list of high-quality books, call 1-800-542-2595 (USA) or 1-800-387-3178 (Canada). Gareth Stevens Publishing's fax: 1-877-542-2596

Library of Congress Cataloging-in-Publication Data available upon request from publisher.

ISBN-10: 0-8368-8873-1   ISBN-13: 978-0-8368-8873-7 (lib. bdg.)
ISBN-10: 0-8368-8878-2   ISBN-13: 978-0-8368-8878-2 (softcover)

This edition first published in 2008 by
Gareth Stevens Publishing
A Weekly Reader® Company
1 Reader's Digest Road
Pleasantville, NY 10570-7000 USA

Copyright © 2008 by Gareth Stevens, Inc.

Senior Managing Editor: Lisa M. Guidone
Creative Director: Lisa Donovan
Cover Designer: Jeannie Friedman
Interior Designer: Yin Ling Wong
Photo Researchers: Kimberly Babbitt and Charlene Pinckney

Spanish Edition produced by A+ Media, Inc.
Editorial Director: Julio Abreu
Chief Translator: Adriana Rosado Bonewitz
Production Designer: Faith Weeks

Picture credits: Cover, title page: Jupiter Images; p. 5 © Bettmann/Corbis; p. 7 Joe Sohm/Getty Images; p. 8 The Bridgeman Art Library/Getty Images; p. 9 © Bettmann/Corbis; p. 10 © Bettmann/Corbis; p. 11 The Granger Collection; p. 13 ShutterStock (3); p. 14 © Dennis Degnan/Corbis; p. 15 The Granger Collection; p. 17 © Joseph Sohm/Corbis; p. 19 Mike Hortens; p. 20; Francis Miller/Time Life Pictures/Getty Images; pp. 22, 23 © Bettmann/Corbis; p. 24 © Robert Galbraith/Reuters/Corbis; p. 25 Joel Page/AP; p. 27 © Philip Gould/Corbis; p. 28 © Dan Habib/Concord Monitor/Corbis

All rights reserved. No part of this book may be reproduced, stored in a retrieval system, or transmitted in any form or by any means, electronic, mechanical, photocopying, recording, or otherwise, without the prior written permission of the copyright holder.

Printed in the United States of America

1 2 3 4 5 6 7 8 9 10 09 08 07

Contenido

Las palabras que están en el glosario aparecen en **negritas** la primera vez que se usan en el texto.

CAPÍTULO 1

★

Reglas del juego

Fue la mejor idea de Dalton. Justo antes de que empezaran las clases, inventó un juego. Tres equipos jugarían al mismo tiempo, usando una cuerda y dos pelotas de tenis. Un equipo podía tener desde tres hasta diez niños. El juego era muy divertido. Lo llamó Scramble.

Dalton enseñó el juego a sus amigos, y pronto toda la clase del Sr. Hartel estaba jugando Scramble. Y no sólo la clase sino toda la escuela empezó a jugar también. Los niños jugaban durante el recreo, antes y después de clases, y los fines de semana.

Después empezaron los problemas. La clase de la Srta. Maclean usaba 14 jugadores en un equipo. El Sr. Mancuso quería asegurarse de que todos los estudiantes tuvieran una oportunidad de jugar. La Srta. Ihrig quería que los jugadores usaran casco. Además, los niños en su clase querían jugar Scramble con palos de hockey. Algunos padres dijeron que no debía permitirse el Scramble en la escuela.

Tenían que encontrar una solución. Los maestros, los niños y los padres se reunieron y acordaron algunas reglas.

- Los equipos que compiten deberían tener el mismo número de jugadores.
- El equipo con 17 puntos ganaría el juego.
- Todos los grados tendrían igual tiempo de juego.
- Cada clase elegiría a un capitán de Scramble.
- Se creó un Consejo de Scramble, con un niño de cada clase. Para cambiar cualquier regla del Scramble, al menos tres cuartas partes del Consejo tenían que estar de acuerdo.

Todas las reglas se escribieron, y se dio una copia a cada clase. Si querían jugar Scramble, los niños tenían que aceptar seguir las reglas.

Esto sucede a menudo cuando las personas están haciendo algo nuevo. El proceso no funciona bien a menos que haya reglas para que las personas las sigan. Sucede con juegos, clubes, y negocios nuevos. A veces le sucede a un país entero.

La Constitución original, escrita a mano, se expone en esta vitrina especial en los Archivos Nacionales en Washington, D.C. En la vitrina vertical está la Declaración de la Independencia.

CAPÍTULO 2

★

Planes para gobiernos

En el Scramble, sólo ciertos jugadores pueden saltar la cuerda. Los jugadores tampoco pueden llevar las pelotas de tenis. Ésas son las reglas del juego.

Los gobiernos también tienen reglas. Las reglas dicen qué puede y qué no puede hacer el gobierno. Hay reglas acerca de impuestos, de la guerra, y del cambio de líderes.

Constituciones del mundo

Una **constitución** es una serie de reglas escritas para un país. Dice qué debe hacer el gobierno para la gente, y qué debe hacer la gente para el gobierno. También dice qué no puede hacer el gobierno. Hoy, casi todas las naciones del mundo tienen una constitución. Algunas son un solo documento. Otras son un grupo de varios documentos. Casi todas se parecen en varias cosas:

- Las constituciones describen los derechos de las personas y las responsabilidades del gobierno.
- Casi todas las constituciones dicen que los ciudadanos elegirán a un pequeño número de personas para que los representen. Estos **representantes** hacen las leyes y las ponen en práctica.
- Los representantes trabajan para la gente. Si a la gente no le gusta el trabajo que están haciendo los representantes, pueden elegir a otros nuevos.
- Las constituciones dicen cómo se eligen a representantes.
- Las constituciones en general tienen reglas para tribunales. Los tribunales tienen que interpretar las leyes y hacer que se cumplan.
- Casi todas las constituciones incluyen reglas para cambiarlas.

Globos llenan el cielo frente al Capitolio. Forman parte de una celebración en 1987 porque la Constitución cumplía 200 años.

GAYANASHAGOWA

No todas las series de leyes están escritas. Entre las tribus iroquesas de Nueva York, las leyes eran habladas. Los ancianos las enseñaban a los jóvenes. Las leyes pasaron de una persona a otra por más de 100 años. Esta serie de leyes se llamaba Gayanashagowa. Eso significa "la gran ley de paz". Entre sus reglas estuvieron:

- Todas las personas nacen con derechos.
- Los líderes sirven a las personas; no las gobiernan.
- Cada tribu se gobierna por medio de un grupo de líderes elegidos.
- Los líderes de la tribu se reúnen para encontrar maneras para que las tribus trabajen juntas.

Las primeras constituciones

Las constituciones han existido durante mucho tiempo. El Código de Hammurabi tiene algunas de las leyes escritas más antiguas del mundo. Hace unos 4,800 años, Hammurabi fue el rey de Babilonia — el país ahora llamado Irak. Sus leyes incluyeron la famosa ley de "ojo por ojo, diente por diente".

En 1215 se escribió otra constitución en Inglaterra. Los propietarios de tierras y los líderes de la iglesia obligaron al rey a firmar un documento. Se llamó la Carta Magna. El documento decía lo que el rey podía hacer — y lo que no podía hacer. La Carta Magna fue un acuerdo por escrito entre el rey y el pueblo de Inglaterra. Las personas aceptaron ser gobernadas por el rey, pero controlaron su poder.

LEYES EN PIEDRA

El Código de Hammurabi tenía 282 leyes escritas. Sin embargo, no se escribieron en papel. Fueron esculpidas en una piedra alta de color negro. La piedra todavía existe. Está en el Museo del Louvre en París, Francia.

Nuevas ideas desde Europa

Entre 1650 y 1750, se hicieron muchos descubrimientos en las ciencias, las matemáticas y la medicina. El período se conoce como el Siglo de las Luces. Las personas empezaron a pensar acerca del mundo en nuevas maneras. En Europa, donde casi todos los países aún eran gobernados por reyes, algunas personas empezaron a pensar acerca de nuevas formas de gobierno.

Un escritor inglés llamado John Locke dijo que todas las personas nacían con derechos. El gobierno debía proteger esos derechos. Si no lo hacía, las personas debían cambiar el gobierno.

Un francés, el barón de Montesquieu, escribió que los gobiernos se deben dividir en partes. De esa manera, ninguna parte del gobierno sería demasiado poderosa.

El escritor francés Jean-Jacques Rousseau dijo que el gobierno era un "contrato social" entre las personas y sus líderes. Ambos deben hacer las leyes. Las leyes no deben ser obedecidas si las personas no están de acuerdo con ellas.

Estas ideas llegaron a América. Fueron estudiadas por los **Padres Fundadores** que escribieron la Constitución.

El rey Juan de Inglaterra (sentado) estaba muy descontento y fue obligado a firmar la Carta Magna en 1215.

★

CAPÍTULO 3

Creación de la Constitución

Antes de que se escribieran las reglas para Scramble, el juego no funcionó bien. Los niños de menor edad dijeron que los de mayor edad debían tener un jugador menos. La clase del Sr. Hartel empezó a usar pelotas de béisbol en lugar de pelotas de tenis. Los niños de la Srta. Maclean tenían co-capitanes en cada equipo. Cada clase estaba haciendo sus propias reglas. Algo muy parecido pasó cuando empezó Estados Unidos. El país nuevo no funcionaba muy bien. Cada estado estaba haciendo sus propias reglas.

Esta pintura muestra la firma de la Constitución en 1787. George Washington está de pie en el estrado.

PADRE DE LA CONSTITUCIÓN

Quienes escribieron la Constitución quisieron mantener sus pláticas en secreto. ¡Tenían guardias armados en la puerta para mantener a las personas fuera! James Madison tomó notas acerca de lo que se dijo. Mantuvo las notas en secreto hasta que murió. Fue el único Padre Fundador que asistió a todas las reuniones, y desempeñó un papel importante en la escritura de la Constitución. Madison también ayudó a escribir las primeras diez **enmiendas** — la **Declaración de Derechos**. Por su trabajo, Madison a menudo es llamado el "Padre de la Constitución". Más tarde se convirtió en el cuarto presidente de Estados Unidos.

Los Artículos de la Confederación

El primer plan para el gobierno nacional de Estados Unidos se llamó los Artículos de la Confederación. Los 13 estados aprobaron los Artículos en 1781. En esa época, muchos estadounidenses no querían un gobierno nacional fuerte.

Querían que cada estado tuviera un gobierno poderoso. Sin embargo, los Artículos no funcionaron. Crearon un gobierno débil que casi no tenía poder. El gobierno nacional no podía recaudar impuestos ni pagar un ejército. Cada estado imprimió su propio dinero. Algo tenía que hacerse para resolver los desafíos de la nueva nación.

La Convención Constitucional

En mayo de 1787, **delegados** de los estados se reunieron en Filadelfia para una **convención**, o reunión. Entre ellos estuvieron Benjamin Franklin de Pensilvania, James Madison de Virginia, y George Washington también de Virginia. La reunión se llamó la Convención Constitucional. Su meta fue discutir maneras de cambiar los Artículos de la Confederación y planear un sistema nuevo de gobierno.

Madison y Washington hicieron un plan. Dijeron que las personas debían elegir el gobierno. Debía tener tres partes llamados poderes. El **poder legislativo**, llamado Congreso, haría las leyes. El **poder ejecutivo**, encabezado por el presidente, pondría en práctica las leyes. El **poder judicial** determinaría si las leyes se habían seguido.

Pronto empezaron las discusiones acerca del Congreso. ¿Cómo sería representado cada estado? Madison y Washington sugirieron que cada estado debía tener un número diferente de legisladores en el Congreso. El número dependería de la población del estado. Ambos eran de Virginia, de modo que su idea llegó a conocerse como el Plan de Virginia.

Esta idea les gustó a los estados con muchos habitantes, pero no a los que tenían menos habitantes. Los delegados de estados de menor tamaño querían que cada estado tuviera igual poder, como lo tenían bajo los Artículos de la Confederación. Su idea se llamó el Plan de Nueva Jersey.

Después de muchas discusiones, se propuso un plan nuevo. Se llamó la Gran Concesión. En una **concesión**, ambos lados renuncian a algunas de sus demandas para resolver sus diferencias.

TRES PODERES DE GOBIERNO

La Constitución divide el gobierno en tres partes — el poder legislativo, el poder ejecutivo y el poder judicial. Los tres poderes funcionan juntos, pero cada uno tiene su propia tarea. Un sistema de "división de poderes" evita que cada poder tenga demasiado control. Por ejemplo, el presidente puede aprobar o rechazar leyes aprobadas por el Congreso. El Congreso aun puede aprobar una ley rechazada por el presidente si dos tercios del Senado y la Cámara están de acuerdo. La Suprema Corte puede determinar si una ley aprobada por el Congreso sigue o no las reglas establecidas en la Constitución.

Capitolio	Casa Blanca	Suprema Corte
PODER LEGISLATIVO	**PODER EJECUTIVO**	**PODER JUDICIAL**
Congreso	**Presidente**	**Suprema Corte**
Senado Cámara de Representantes		
Hace las leyes	*Pone en práctica las leyes*	*Determina si las leyes siguen la Constitución*

La Declaración de la Independencia, los Artículos de la Confederación, y la Constitución, se firmaron en el Salón de la Independencia, en Filadelfia.

El plan nuevo decía que el Congreso sería formado por dos cámaras de legisladores. Una era la **Cámara de Representantes**. Los estados con más habitantes tendrían más representantes. La otra cámara era el **Senado**. Cada estado tendría dos senadores. Para hacer una ley, ambas cámaras tendrían que estar de acuerdo.

ACUERDO SUPREMO

Estados Unidos tiene miles y miles de leyes. Muy pocas de ellas están en la Constitución. Sin embargo, todas tienen que concordar con la Constitución. Asegurarse de que lo hagan es tarea de la Suprema Corte — el tribunal más alto del país.

JURAMENTO DE TOMA DE POSESIÓN

La primera elección bajo la nueva Constitución se llevó a cabo en 1789. George Washington se convirtió en el primer presidente de Estados Unidos. Washington hizo un **juramento**, o promesa. Se llama el Juramento de Toma de Posesión. El juramento fue escrito en la Constitución en 1787. Todos los presidentes lo han hecho. Dice, *"Solemnemente juro (o afirmo) que ejecutaré fielmente el Oficio de Presidente de Estados Unidos, y, preservaré, protegeré y defenderé la Constitución lo mejor que pueda".*

George Washington fue la primera persona que hizo el Juramento de Toma de Posesión como presidente. Esto ocurrió en la ciudad de Nueva York el 30 de abril de 1787.

Los Artículos

Cuando la Constitución se finalizó, tenía siete artículos. Cada uno establecía reglas para el gobierno. Los primeros tres artículos establecieron los tres poderes de gobierno.

- El **Artículo I** creó el Congreso como el poder legislativo. El Congreso hace las leyes. Está formado por el Senado y la Cámara de Representantes. El artículo estableció cómo se debían elegir a los miembros y durante cuánto tiempo podían ocupar el cargo. Describió los poderes y los deberes de cada cámara.
- El **Artículo II** estableció el poder ejecutivo. El presidente encabeza este poder. Este artículo describió las tareas y los poderes del presidente. Estableció durante cuánto tiempo el presidente podía ocupar el cargo, y cómo se elegiría al presidente.
- El **Artículo III** estableció el poder judicial, el sistema de tribunales. El poder judicial está encabezado por la Suprema Corte.
- En el **Artículo IV** se describieron los poderes de los Estados.
- En el **Artículo V** se establecieron las reglas para cambiar la Constitución.
- En el **Artículo VI** se declaró que la Constitución es la "ley suprema del país". Los estados pueden hacer sus propias leyes, pero esas leyes tienen que concordar con la Constitución.
- El **Artículo VII** estableció cómo los estados aprobarían la Constitución.

El 17 de septiembre de 1787, 39 hombres firmaron la Constitución. El famoso documento explicó cómo funciona nuestro gobierno. Creó el gobierno que aún tenemos hoy.

Ratificación de la Constitución

Antes de que la Constitución pudiera hacerse ley, al menos 9 de los 13 estados la tuvieron que **ratificar**, o aprobar. En diciembre de 1787, Delaware fue el primer estado en ratificarla. Para junio de 1788, Nueva Hampshire fue el noveno estado en aceptarla. Al final, los 13 estados ratificaron la Constitución. Estados Unidos tenía un gobierno nuevo.

UNA UNIÓN MÁS PERFECTA

Los hombres que escribieron la Constitución sabían que tenían un país nuevo que tendría un gran futuro. Querían la Constitución para hacerlo mejor. Sus primeras palabras — llamadas el **Preámbulo** — dicen justamente lo que sus escritores estaban tratando de hacer: *"Nosotros, los ciudadanos de Estados Unidos, para formar una unión más perfecta..."*

★

CAPÍTULO 4

Enmiendas

Aun cuando el Scramble era un juego muy divertido, algunos niños querían cambiarlo. Es por eso que se estableció el Consejo de Scramble. Asistió un niño de cada clase. Para cambiar cualquiera de las reglas del Scramble, al menos tres cuartas partes del Consejo tenían que estar de acuerdo.

Los Padres Fundadores que escribieron la Constitución pensaron de la misma manera. Creyeron que, algún día, sería necesario cambiar la Constitución. Y estaban en lo correcto. Se añadieron cambios a la Constitución poco después de que se escribió, y las personas aún están tratando de cambiarla hoy en día.

Cómo se cambia la Constitución

Las reglas para cambiar la Constitución están en el Artículo V. Un cambio de la Constitución se llama una enmienda. Hay dos maneras de empezar una enmienda.

1. Dos tercios de los gobiernos estatales pueden convocar una convención, o reunión. En la convención, los estados pueden sugerir enmiendas. Este proceso nunca se ha usado.
2. Los miembros del Congreso pueden proponer una enmienda. Dos tercios de los miembros del Senado y la Cámara de Representantes tienen que estar de acuerdo al respecto. Cada enmienda de la Constitución empezó de esta manera.

Una vez que una enmienda es acordada por el Congreso o una convención, va a los estados. La **legislatura** en cada estado tiene que votar acerca de la enmienda. Si tres cuartas partes de los estados votan a favor, la enmienda se ratifica, o aprueba.

Una enmienda puede fracasar debido a una fecha límite. Por ejemplo, el Congreso puede decir que la enmienda se debe ratificar en el transcurso de dos años. Si tres cuartas partes de los estados no la han aprobado para entonces, fracasa.

LOS PRESIDENTES NO PARTICIPAN

Los presidentes pueden sugerir enmiendas, pero el presidente no tiene un papel oficial en el proceso de enmienda. El presidente no puede introducir formalmente una enmienda ni detener una propuesta o ratificación.

★ ★

EL PROCESO DE ENMIENDA

Quienes escribieron la Constitución sabían que el documento necesitaría cambiar con el tiempo. Sin embargo, establecieron un proceso cuidadoso que la haría difícil de cambiar.

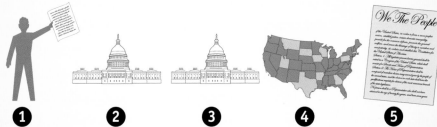

1 Una enmienda se propone en el Congreso.

2 El Senado aprueba la enmienda.

3 La Cámara de Representantes aprueba la enmienda.

4 La enmienda la aprueban 38 estados o más.

5 La enmienda se hace parte de la Constitución.

★ ★

En agosto de 1963, más de 200,000 personas hicieron uso de su derecho de tener reuniones públicas pacíficas. Fueron a Washington, D.C., buscando derechos iguales para los afroamericanos. Fue ahí donde Martin Luther King, Jr. dio su famoso discurso "Tengo un Sueño".

La Declaración de Derechos

La Constitución describió los poderes de los estados y del gobierno de Estados Unidos. No describió los derechos de las personas. Muchos estadounidenses se preocuparon por eso. Temían que si sus derechos no estaban por escrito, se los podían quitar.

James Madison trabajó para añadir los derechos de las personas a la Constitución. En 1789, hizo una lista de derechos y la dio al Congreso. Durante meses, ambas cámaras del Congreso discutieron acerca de la lista de Madison. Al final, las dos cámaras llegaron a un acuerdo acerca de 12 enmiendas. Se enviaron a los estados.

Dos años más tarde, en 1791, los estados ratificaron 10 de las enmiendas. Se convirtieron en parte de la Constitución. Estas primeras diez enmiendas se llaman la Declaración de Derechos. Protegen algunos de nuestros derechos más importantes.

LA DECLARACIÓN DE DERECHOS: LAS PRIMERAS DIEZ ENMIENDAS

- La **Primera Enmienda** protege la libertad de religión, expresión y prensa. Las personas tienen el derecho de practicar cualquier religión que elijan, o ninguna en absoluto. Tienen el derecho de decir lo que piensan. Pueden publicar y leer periódicos, revistas y libros no controlados por el gobierno. La enmienda también da a las personas el derecho de tener reuniones y demostraciones públicas pacíficas, y de pedir al gobierno que haga cambios en las leyes.
- La **Segunda Enmienda** da a los estadounidenses el derecho de poseer armas de fuego.
- La **Tercera Enmienda** dice que las personas no tienen que dejar que soldados vivan en su casa.
- La **Cuarta Enmienda** protege a las personas y a sus casas de ser registradas y de que su propiedad sea tomada por el gobierno sin una buena razón.
- La **Quinta Enmienda** da a las personas acusadas de un delito el derecho de tratamiento justo en el tribunal.
- La **Sexta Enmienda** garantiza a las personas acusadas de un delito el derecho de un juicio justo, rápido y público por un jurado.
- La **Séptima Enmienda** protege los derechos de las personas de tener un juicio por un jurado en otros tipos de casos.
- La **Octava Enmienda** protege a las personas de ser castigadas de maneras crueles o poco comunes.
- La **Novena Enmienda** protege otros derechos además de los listados en la Constitución.
- La **Décima Enmienda** protege los poderes de los estados. Los estados pueden hacer sus propias leyes con tal que concuerden con la Constitución.

Más enmiendas

La Declaración de Derechos se presentó entre los primeros cambios de la Constitución. Sin embargo, no fue el último. Con los años, se han añadido otras 17 enmiendas. La enmienda más reciente, la vigésimo séptima (núm. 27), se añadió en 1992. He aquí algunas de ellas:

- La **Decimotercera Enmienda** (1865) hizo ilegal la esclavitud en Estados Unidos. Fue ratificada poco después del final de la Guerra Civil (1861–1865).

El derecho de votar se conoce como **sufragio**. En 1917, esta valiente mujer se paró cerca de la Casa Blanca con un letrero que hacía al presidente una pregunta. La respuesta vino tres años más tarde, en 1920. Entonces la Decimonovena Enmienda dio a las mujeres el derecho de votar.

- La **Decimocuarta Enmienda** (1868) fue aprobada después de la Guerra Civil para proteger los derechos de todas las personas, incluso ex esclavos. La enmienda garantiza que los estados tienen que proporcionar a todas las personas igual protección bajo la ley.
- La **Decimoctava Enmienda** (1919) hizo ilegal fabricar, vender o transportar licor. Se llamó la prohibición. En 1933, la **Vigésima Primera Enmienda** terminó la prohibición. Ésta es la única vez que una enmienda se ha **revocado**.
- La **Decimonovena Enmienda** (1920) dio a las mujeres el derecho de votar.

Algunas enmiendas fallidas

No todas las enmiendas se aprueban. En 1972, la Enmienda de Igualdad de Derechos dijo que los hombres y las mujeres tenían que ser iguales. Tuvo una fecha límite de siete años para ratificación. Aun cuando este plazo se extendió a 10 años, no votaron suficientes estados por ella. La enmienda expiró en 1982.

Washington, D.C. no es un estado, de modo que no tiene senadores ni representantes en el Congreso. En 1978, se propuso una enmienda para cambiar eso. Expiró, sin que se ratificara, en 1985.

Estas mujeres se reunieron en la ciudad de Nueva York en agosto de 1980. Marcharon en apoyo de la Enmienda de Igualdad de Derechos, pero no fue ratificada.

★

CAPÍTULO 5

Constituciones estatales

Durante las vacaciones de primavera, Dalton visitó a su tía y su tío en Kansas. Enseñó a sus primos a jugar Scramble. Cuando Dalton se fue a su casa, sus primos empezaron a jugar el juego sobre patines en línea. El Scramble pronto se jugó sobre ruedas en El Estado del Girasol. Aun cuando las reglas fueron las mismas, el juego fue diferente en Kansas.

Las constituciones estatales son similares. Tienen que concordar con la Constitución. Es la ley suprema en el país. Sin embargo, cada estado tiene sus propias ideas acerca de lo que un gobierno debe ser y hacer. Además, los estados tienen mucha libertad dentro de las reglas de la Constitución. Como los jugadores de Scramble en Kansas, pueden seguir las reglas de diferentes maneras.

El ex actor Arnold Schwarzenegger fue electo gobernador de California en 2003. En ocasiones se le llama el "Governator" debido a sus papeles en películas como un personaje llamado el Terminator.

Los habitantes de Nueva Hampshire a veces dicen que su gobierno estatal es el "más democrático". Eso se debe a que su legislatura estatal, mostrada aquí, tiene más representantes que cualquier otra.

Gobernantes, legislaturas, y tribunales

La constitución de cada estado dice que su gobierno tendrá tres poderes. Al igual que el gobierno de Estados Unidos, cada estado tiene un líder que es el **gobernador**; también tiene un grupo de legisladores, y tribunales. ¡Pero no creas que las constituciones de todos los estados son iguales!

El gobernador es el funcionario de más alto nivel en un estado. En Nueva Hampshire, el gobernador ocupa el cargo durante un período de dos años; sin embargo, en Texas, California, y en otros estados, lo ocupa durante cuatro años.

ESTADO PEQUEÑO, GOBIERNO GRANDE

Nueva Hampshire tiene la legislatura estatal de mayor tamaño, con 424 legisladores. Lo sigue en tamaño Pensilvania, que tiene 250 miembros.

DÓLARES CONSTITUCIONALES

En 1968, se encontró un gran yacimiento de petróleo en Alaska, con valor de millardos de dólares. En 1976, la Constitución del estado de Alaska se cambió. El cambio aseguró que el dinero proveniente del petróleo se compartiría entre los habitantes de Alaska.

En casi todos los estados, el grupo legislador se llama la Legislatura Estatal. En Delaware se llama la Asamblea General. En Nueva Hampshire, se llama el Tribunal General. En 49 legislaturas estatales hay dos cámaras, como en el Congreso de Estados Unidos. Sin embargo, la legislatura de Nebraska sólo tiene una cámara.

Las constituciones estatales establecen reglas para tribunales. Cada estado tiene una corte superior (como la Suprema Corte de Estados Unidos) que tiene que determinar si las leyes concuerdan con la Constitución del Estado. Los estados también tienen tribunales de nivel más bajo, y todos son diferentes. En Alaska, por ejemplo, no hay tribunales de ciudad ni de condado. Todos los tribunales son dirigidos por el gobierno estatal.

Los ciudadanos entran en acción

Mientras que las legislaturas por lo general crean leyes, la constitución del estado en algunos estados permite a los ciudadanos proponer leyes nuevas y aprobarlas. Las personas escriben su idea en forma de una petición que se firma. Si obtienen suficientes firmas de otros que apoyen la idea, se puede votar sobre la ley propuesta en una elección en todo el estado, una ciudad o un condado. Si se aprueba, la propuesta se convierte en ley sin pasar por la legislatura.

Cuando los dirigentes no están haciendo su trabajo, los ciudadanos también pueden actuar. En algunos estados, los ciudadanos pueden solicitar un voto público especial para retirar del cargo a un funcionario si creen que no está haciendo un buen trabajo. En 2003, los habitantes de California votaron por retirar a su gobernador, Gray Davis. Ésa fue sólo la segunda vez que un gobernador fue retirado del cargo por los ciudadanos. En su lugar, los votantes eligieron al ex actor Arnold Schwarzenegger.

La torre en el edificio del Capitolio del Estado de Nebraska se eleva por arriba de la llanura. La legislatura estatal es la única en Estados Unidos con una sola cámara. Los legisladores se llaman senadores.

Los ciudadanos de Webster, Nueva Hampshire, dicen el Juramento de Fidelidad antes de que empiece su reunión de ciudadanos. Estas reuniones son los ejemplos más antiguos de gobierno local en acción en Estados Unidos.

Gobiernos locales

Las constituciones de los estados a menudo incluyen reglas para gobiernos de condados, ciudades o pueblos. Los gobiernos locales pueden controlar escuelas, parques y departamentos de policía. Hacen leyes que funcionan mejor para los ciudadanos del área. Los gobiernos locales son diferentes de un estado a otro.

En casi todo Estados Unidos, las escuelas públicas son dirigidas por las autoridades de las ciudades o los condados. Sin embargo, en Hawai, dichas escuelas son dirigidas por el consejo de educación del estado, que también dirige las bibliotecas públicas en Hawai.

En Nueva Hampshire, cada ciudad pequeña tiene su propio gobierno. Los dirigentes electos se llaman "selectmen" — ¡incluso si son mujeres! Cada pueblo tiene una reunión al menos una vez al año. En la reunión, los ciudadanos pueden sugerir leyes nuevas o cambios a las antiguas. Quien tenga 18 años de edad o más puede hablar en estas reuniones.

Esto es lo que los Padres Fundadores de la Constitución tuvieron en mente. Es "Nosotros, los ciudadanos" en acción. En estas reuniones, los ciudadanos hacen que su voz se escuche. Forman parte del gobierno.

JÓVENES AL VOLANTE

La Constitución da a los estados el derecho de otorgar licencias. Por supuesto, eso incluye licencias de conducir. En Nueva York, los jóvenes no pueden empezar a manejar hasta que tengan 16 años de edad. Por lo general no pueden obtener una licencia de conducir completa sino hasta que tengan 18 años. En Wyoming, los jóvenes de cualquier edad pueden conducir tractores o camiones en ranchos o granjas. ¡Algunos pueden obtener licencias para conducir a la escuela cuando sólo tienen 14 años de edad!

Glosario

Cámara de Representantes: una de las dos cámaras del Congreso; el número de representantes para cada estado se basa en la población del estado

concesión: un acuerdo al que se llega cuando ambas partes renuncian a algo

constitución: un plan escrito para un país

convención: una reunión formal por una razón específica

Declaración de Derechos: las primeras diez enmiendas de la Constitución

delegado: una persona que representa a otras

enmienda: un cambio oficial de la Constitución

gobernador: un funcionario elegido para dirigir un estado

juramento: una promesa muy seria

legislatura: un grupo de personas con la autoridad para hacer leyes

Padres Fundadores: las personas que escribieron la Constitución

poder ejecutivo: la parte del gobierno que pone en práctica las leyes

poder judicial: la parte del gobierno que determina si se han seguido las leyes

poder legislativo: la parte del gobierno que hace las leyes

Preámbulo: el inicio de la Constitución

ratificar: aprobar oficialmente algo

representante: una persona que es elegida para hablar o actuar por otras personas

revocar: eliminar algo oficialmente

Senado: una de las dos cámaras del Congreso; cada estado tiene dos senadores

sufragio: el derecho de votar

Para más información

Libros

A More Perfect Union: The Story of Our Constitution. The American Story (series). Betsy Maestro and Giulio Maestro (Lothrop, Lee & Shepard Books)

Constitution Translated for Kids. Cathy Travis (Synergy Books)

The Constitution. American Documents (series). Paul Finkelman (National Geographic Society)

The Constitution. World Almanac Library of American Government (series). Geoffrey M. Horn (Gareth Stevens)

The U.S. Constitution and You. Sy Sobel (Barron's Educational Series)

Sitios web

Ben Franklin's Guide to the Constitution
http://bensguide.gpo.gov/3-5/index.html

Constitution Trivia Quiz
www.funtrivia.com/quizzes/world/us_laws/constitution_of_the_usa.html

Social Studies for Kids
www.socialstudiesforkids.com/subjects/constitution.htm

The United States Constitution for Kids
www.usconstitution.net/constkids4.html

Nota del editor para educadores y padres: Nuestros editores han revisado meticulosamente estos sitios Web para asegurarse de que sean apropiados para niños. Sin embargo, muchos sitios Web cambian con frecuencia, y no podemos asegurar que el contenido futuro de los sitios seguirá satisfaciendo nuestros estándares altos de calidad y valor educativo. Se le advierte que se debe supervisar estrechamente a los niños siempre que tengan acceso al Internet.

Índice

Acerca del autor

William David Thomas vive en Rochester, Nueva York, donde trabaja con estudiantes que tienen necesidades especiales. Bill ha escrito documentación de software, programas de capacitación, libros para niños, discursos, anuncios, y muchas cartas. Le gusta ir de excursión a pie y en canoa, tocar su guitarra, y le obsesiona el béisbol. Bill afirma que una vez fue rey de Fiji, pero que dejó el trono para seguir una carrera de lanzador de relevo. No es cierto.